A variedade das aptidões é necessária, a fim de que cada um possa concorrer aos objetivos da Providência, no limite do desenvolvimento de suas forças físicas e intelectuais: o que um não faz, o outro faz. É assim que cada um tem seu papel útil.
(O Livros dos Espíritos – *Questão: 804 – Boa Nova Editora*)

{...} porque o verdadeiro bem-estar consiste no emprego do tempo ao seu modo, e não em trabalhos para os quais não se sente nenhum gosto. Como cada um tem aptidões diferentes, nenhum trabalho útil ficaria por fazer. O equilíbrio existe em tudo, é o homem quem o quer alterar.
(O Livros dos Espíritos – *Questão: 812 – Boa Nova Editora*)

Fazia um lindo dia de sol. O céu estava com poucas nuvens e exibia um azul que encantava quem parasse para admirar sua beleza.

Na colmeia, tudo era harmonia. Dona Rainha trabalhava para manter a ordem. Acompanhada por suas súditas, produzia um perfume que inundava o ar, anunciando sua presença. Olhava toda a colmeia e procurava manter as atividades sempre organizadas, cuidando para que cada abelha cumprisse com suas funções.

No final do dia, uma dessas operárias, chamada Adelha, retornou à colmeia. Ela despejou o pólen que havia retirado das flores em uma forma, indo depois conversar com outra operária que cuidava das abelhas recém-nascidas:

— Estou tão cansada hoje! Fui muito longe para buscar comida. Às vezes acho que não vale a pena. Tenho vontade de ter a vida dos zangões. Veja o Zanzão: treina o dia todo e não precisa sair da colmeia nem procurar flores, que às vezes estão muito distantes!

Enquanto as duas abelhas continuavam a conversa, chegou outra operária, chamada Zulmira, que cuidava da segurança. Ela comentou:

— Nossa, que dia! Imaginem que hoje precisamos nos defender de alguns insetos. Estou exausta! Minha vontade é parar de trabalhar. Desejo muito ficar o resto da vida sem fazer nada.

A conversa seguia entre as três, com cada uma falando das dificuldades enfrentadas em seu trabalho. Após vários comentários e reclamações, Adelha deu um breve voo e anunciou às amigas:

— Para mim, chega! Vou falar com Dona Rainha hoje mesmo. Acho que está na hora de as coisas mudarem por aqui. Os zangões bem que poderiam nos ajudar nas tarefas. Afinal, eles ficam voando pra lá e pra cá, enquanto a manutenção da colmeia fica todinha por nossa conta.

— Quanto a mim – disse Zulmira –, não vou mais trabalhar!

Como o assunto era de interesse geral, acharam melhor avisar toda a colmeia. E assim fizeram. As três abelhinhas voaram por toda a comunidade, levando a notícia e informando que pediriam uma reunião com Dona Rainha.

Os zangões ouviram a proposta das operárias e concordaram prontamente. Diziam-se cansados de tantos esforços e avisaram que também iriam à reunião.

Na manhã seguinte, Dona Rainha estava reunida com a colmeia inteira. Adelha tomou a palavra:

– Dona Rainha, viemos até a senhora para solicitar algumas mudanças nas atividades de nossa colmeia. Achamos que os zangões poderiam dividir conosco as tarefas diárias.

Zulmira aproveitou a oportunidade e anunciou:

– E eu aviso à senhora que não vou mais trabalhar!

13

A Rainha ouviu com atenção e repondeu:

— Infelizmente, Adelha, os zangões não possuem aptidões para o trabalho de vocês. Quanto a você, Zulmira, parar de trabalhar pode vir a prejudicar a colmeia inteira.

Zanzão, que representava os zangões, pediu a palavra:

— Majestade, o treinamento que realizamos é cansativo. Achamos o trabalho das operárias mais fácil, e é possível realizá-lo tranquilamente. Também temos alguns amigos que desejam parar de trabalhar!

Enquanto a conversa acontecia, toda a colmeia se manifestou. De um lado havia aqueles que defendiam a mudança; de outro, alguns aplaudiam a ideia de parar de trabalhar, e o tumulto era geral. O zunido tomou conta do local e ninguém entendia mais nada.

Percebendo a confusão que se estabelecia, Dona Rainha resolveu se pronunciar. Todos se aquietaram para ouvi-la:

— Vejo que dificilmente chegaremos a um acordo. Só há um jeito de resolver esta questão: ordeno que, a partir de amanhã, todas as funções sejam trocadas. E aqueles que desejam parar de trabalhar também estão autorizados a fazer isso. Ficaremos assim por um tempo e nos reuniremos novamente depois para analisar o resultado da mudança.

No dia seguinte, tudo estava mudado. Os zangões cuidavam da manutenção da colmeia, enquanto as operárias tentavam voar aceleradamente. Por todos os lados, voavam aqueles que tinham abandonado seus trabalhos, livres de suas atividades.

Os dias foram passando, e muitas mudanças aconteceram...

Certa tarde, Adelha chegou desesperada para conversar com Dona Rainha:

— Majestade, estamos com sérios problemas! A colmeia está ameaçada. Algumas operárias se acidentaram tentando voar em alta velocidade. Outras adoeceram porque não têm mais trabalho nenhum a fazer. E, além disso, alguns zangões estão com problemas de saúde por terem deixado de se exercitar!

Adelha ouviu os comentários de Zanzão e ficou assustada. Olhou para Dona Rainha e comentou:

– Majestade, acho que precisamos reunir toda a colmeia novamente!

Dona Rainha aceitou a sugestão e convocou uma nova reunião:

– Que todos estejam reunidos aqui em uma hora!

Uma hora depois, toda a colmeia estava reunida. A opinião de todos era unânime: seria impossível continuar com as funções trocadas e deixar uma parte das abelhas sem atividade. Se continuassem assim, toda a colmeia iria desaparecer.

Após ouvi-los, Dona Rainha tomou a palavra:

— Todos entenderam o que aconteceu, imagino. *O que um não faz, o outro faz. É assim que cada um tem seu papel útil!* A garantia de nossa colmeia viver em harmonia está no fato de cada um entender a importância da função que desempenha.

Nesse instante, Adelha levantou uma das asas e pediu a palavra. Dona Rainha deu sua autorização. A abelhinha então começou a se explicar:

– Peço desculpas pelo que fiz. Hoje entendo tanto a importância de cada um quanto o fato de ninguém ter trabalho melhor que o outro! Descobri o quanto é necessário respeitar as aptidões dos outros e também a nossa própria, além de valorizar a oportunidade que se tem de trabalhar.

Zanzão aproveitou a ocasião e também solicitou a palavra:

— Eu também aprendi muito com essa experiência. Vejo que meu esforço é necessário para a sobrevivência de nossa espécie.

Zulmira, vendo o gesto dos amigos, completou:

— E eu entendi a importância do trabalho. Todo descanso é justo, mas o excesso de repouso é prejudicial à nossa saúde.

Após as palavras de Adelha, Zanzão e Zulmira, todos bateram as asas em uma vibrante onda de aplausos!

Dona Rainha, que a tudo observava atentamente, completou:

— Fico feliz ao ver que todos aprenderam a lição. Deve haver equilíbrio em tudo! Cada um de nós é um ser especial; a Natureza não deu mais privilégios ao outro que a você! Muitas vezes, achamos a criação do outro melhor, mas não é assim. O que vale a pena de verdade é cada um se sentir especial naquilo que faz e dar o melhor de si. Para algo ser bom para uma abelha, precisa ser bom para a colmeia toda!

Novamente, todos aplaudiram batendo as asinhas.

Dona Rainha aguardou o fim dos aplausos e concluiu:

– Temos sempre o direito de tentar novos caminhos. Na verdade, toda experiência é bem-vinda. Porém, não podemos nos esquecer de nossa vocação natural para as coisas. São talentos que ganhamos da Natureza para serem multiplicados. Não se sintam culpados pelo acontecido; serviu para o aprendizado de todos. Agora, que tal todos voltarmos ao trabalho?

Rapidamente, abelhas e zangões voaram rumo a seu trabalho. Desta vez, cada um ocupou seu posto com alegria.

Não demorou muito, e a harmonia voltou. Zangões voavam aceleradamente, o alimento e a água estavam de volta, "crianças" eram socorridas a tempo, e, por toda parte, viam-se as operárias em suas atividades, mantendo o equilíbrio da colmeia. Todos estavam satisfeitos e nunca mais desejaram fugir do trabalho que deviam realizar.